AF267269

ORAISON FUNEBRE

DE TRE'S-HAUT
ET TRE'S-PUISSANT SEIGNEUR
LOUIS-FRANÇOIS
DUC DE BOUFFLERS

PAIR ET MARESCHAL DE FRANCE

Prononcée à Paris dans l'Eglise des PP. Minimes de la Place-Royalle le 17. de Decembre 1711.

Par le P. DELARUE, de la Compagnie de JESUS.

A PARIS,

Chez ETIENNE PAPILLON, ruë saint Jacques, prés l'Eglise de saint Benoist, à l'Image saint Maur.

M. DCC. XII.

AVEC APPROBATION, ET PRIVILEGE DU ROY.

ORAISON FUNEBRE

DE

LOUIS-FRANÇOIS

DUC DE BOUFFLERS

PAIR ET MARE'CHAL DE FRANCE.

Et iste quidem vitâ discessit, non solùm juvenibus, sed & uni-
versæ genti, exemplum virtutis & fortitudinis derelinquens.

Il est mort, laissant non seulement à la jeunesse, mais encore
à toute la nation, l'exemple de sa vertu & de son courage. C'est
l'éloge du genereux Eleazar, au liv. 2. des Machabées, c. 6.

L n'y a plus d'Antiochus, qui force
Eleazar & les braves d'Israël à sou-
tenir leur courage & leur vertu,
contre la terreur des supplices. Mais
un siecle tel que le nôtre, où les plus odieuses

A

& les plus baſſes paſſions ont pris ſur les plus nobles & les plus aimables vertus un empire tyrannique, au mépris de toutes les loix de la conſcience & de l'honneur : un ſiecle ſi pervers n'expoſe pas la conſtance des fidelles à de moindres combats, pour la ſainteté des mœurs, que les ſiecles paſſez, pour la ſainteté de la Foy.

Guerre, MESSIEURS, moins terrible en apparence ! où les ennemis ſont moins violens, les victoires moins ſanglantes, & les triomphes moins brillans : mais où peut-être les Heros ſont d'autant plus rares, qu'ils ont leur propre cœur pour principal ennemi. Quelle force par conſequent, quelle vertu ne faut-il pas, pour être en même temps l'aſſaillant, le vainqueur, le champ même de bataille ? & quels éloges ne ſont pas dûs, à ceux qui donnent à leur ſiecle & à la poſterité des exemples ſi neceſſaires ? *Univerſæ genti virtutis & fortitudinis exemplum.*

Nous avons vû, MESSIEURS, un de ces rares vainqueurs. Non pas dans la tranquillité d'une vie ſecrette & privée, éloignée des piéges de l'interêt, de l'envie & de l'ambition : mais ſur le theâtre du grand monde ; au milieu des précipices & des écuëils de la cour, au bruit & au feu de la guerre. Nous l'avons vû : mais helas !

DE MONSIEUR DE BOUFFLERS. 3
nous l'avons perdu, cet homme affez maître de
fes paffions, pour les avoir affujetties à tous les
devoirs de la vertu.

C'étoit tres-haut & tres-puiffant Seigneur,
LOUIS-FRANÇOIS DUC DE BOUFFLERS,
PAIR ET MARÉCHAL DE FRANCE, CHE-
VALIER DES ORDRES DU ROY, ET DE
LA TOISON D'OR : GOUVERNEUR GÉNÉRAL
DES PROVINCES DE FLANDRES ET DE
HAINAULT : GOUVERNEUR PARTICULIER
DE LA VILLE ET CITADELLE DE LILLE :
CAPITAINE DES GARDES DU CORPS
DE SA MAJESTÉ, ET GENERAL DE SES
ARMÉES.

Que d'honneurs fur la tête d'un feul homme !
Il n'en a pas ignoré la vanité. Mais que d'im-
portans devoirs attachez à tant d'honneurs ! c'eft
le foin de les remplir qui a fait l'occupation de
fa vie : & qui, comme nous l'efperons, lui a fait
trouver grace auprés d'un Dieu, fidelle dans fes
promeffes à ceux qui ont été fidelles dans leurs
devoirs.

Oublions donc ces titres vains, qui ne fervent
plus qu'à orner la furface d'un tombeau, plein
de vers & d'offemens. Ce n'eft ni le marbre ni
l'airain qui nous fait reverer les Grands : encor

moins nous excitent-ils à prier pour leur repos.
Tous ces superbes monumens ne font qu'attirer
fur leurs cendres, & que réveiller dans les cœurs,
l'envie attachée autrefois à leurs perfonnes & à
leurs faits : à moins que la vertu ne confacre
leur memoire; & ne change pour eux en couronne de falut, cette fauffe immortalité, que
l'on cherche inutilement dans les colonnes &
les ftatuës.

Et combien Rome, Sparte, Athenes, en au-
roient-elles élevé à ce brave Miltiade, à ce jufte
Phocion, à cet auftere Caton, à ce modefte Fa-
brice, à ce Decius toûjours prêt à fe dévouër
pour l'Etat ! Quelle efpece de couronne eût
manqué à ce digne citoyen, dans ces fiecles
fameux, où l'amour de la patrie étoit le com-
ble des vertus, & les marbres inanimez leur
plus folide récompenfe ?

Elevez par la Foy à de plus hautes idées laif-
fons au temps le foin de vanger la vraye vertu
de la vanité de ces grands noms, de ces pompeu-
fes qualitez; en arrachant les marbres, auffi bien
que les Heros, de la vûë & du fouvenir des hommes : & cherchons le merite & la gloire du
Guerrier, pour qui nous prions aujourd'huy,
dans le feul nom qu'il porte aux yeux de Dieu.

C'eſt celui d'homme fidelle à remplir tous ſes devoirs.

Ce ſont les œuvres attachées à ce ſeul nom , qui ont ſuivi ſon ame au ſouverain tribunal, qui ont contrepeſé dans la balance d'équité les œuvres échappées à la fragilité mortelle. C'eſt ſur ce nom que le juge a decidé de ſon ſort. Peſons au même poids le tribut d'eſtime & d'affection que nous devons à ſa memoire ; & les vœux que la pieté nous preſſe d'offrir à Dieu pour ſon repos éternel.

Trois motifs ſoûtenoient la fermeté d'Eleazar contre les menaces de la mort. La nobleſſe de ſa naiſſance : *Ingenitæ nobilitatis canities.* Le zele de l'honneur & des loix de ſa patrie : *Pro graviſſimis & ſanctiſſimis legibus.* La droiture de ſa conſcience , animée du reſpect & de la crainte de Dieu : *Propter timorem Dei.*

Ces trois mêmes motifs ont porté le Maréchal de Boufflers à rendre ce qu'il devoit : premierement à ſa naiſſance ; ſecondement à ſa patrie , & à ſon Roy ; troiſiémement à ſa conſcience. A ſa naiſſance, par ſa rare valeur. A ſon Roy, par ſon zele infatigable pour ſa perſonne & ſon Etat. A ſa conſcience, par ſa religion ſincere & ſon exacte probité. Valeur ſans faſte ; zele ſans

2. Mach.
6. v. 23.
v. 28.

v. 30.

interêt ; religion & probité fans feinte. Alliance
rare & precieufe des trois plus nobles qualitez
qui puiffent former un grand homme.

France , qui recuëillez depuis quarante-cinq
ans le fruit de fes travaux & de fa tendreffe pour
vous ! pourriez-vous negliger de lui rendre ces
trois témoignages ? Ils lui font rendus avec éclat
par nos propres ennemis.

Pardonnez-moy , MESSIEURS, fi je parois
douter de vôtre reconnoiffance , & de vôtre
penchant à loüer la vraye vertu. C'eft plûtôt à
lui… Oui c'eft à vous , fidelle ferviteur du Dieu
des armées , que je dois demander pardon de
mon peu d'égard au dégoût que vous aviez pour
les loüanges ; au foin que vous preniez de les
fuir , autant que de les meriter. Vous avez goûté
affez longtemps le plaifir de vôtre modeftie :
laiffez-nous rompre le filence forcé, que vôtre
aufterité nous impofoit. Vôtre reputation n'eft
plus à vous. C'eft la feule & derniere vie qui
vous refte encore parmi nous. Elle eft du reffort
de la renommée. C'eft à elle d'exercer fon empire fur vôtre nom , pour le conferver aux fiecles
futurs ; avec encor plus d'autorité , que la mort
n'en prendra fur vos cendres , pour les détruire.
On a befoin de vôtre nom , pour faire à nos def-

cendans l'apologie de nôtre siecle. Ils douteront au moins de ses excez & de ses dereglemens : quand ils sçauront qu'il a produit en vôtre personne, ce que nos peres avoient admiré dans les Guesclins, les Boucicaults, les Bayards, & les Dunois, pour la gloire des Rois, le salut de la patrie, & l'honneur de la vertu.

I.

L'Evangile de Jesus - Christ, en nous recommandant la douceur & l'humilité n'a point privé le monde du secours de la valeur. Il n'a fait que purifier cette importante qualité des taches de l'orgüeil, de la ferocité, du faste ; & la rendre par là plus utile au bien public.

Le nom même de Dieu des armées, que l'E'tre souverain a bien voulu se donner, nous laisse entrevoir un tribunal, où les lâches & les oisifs seront citez ; aussi bien que les ambitieux, les turbulens, & les rebelles. Là pour accusateurs ils auront *les forts d'Israël* ; les Gedeons, les Josuez, les Davids, les Machabées. Ils y rendront compte de l'usage qu'ils auront fait de leur épée, de l'honneur qu'ils auront rendu à leur naissance & à leur sang. C'est deshonorer les ancêtres

1. Paral. cap. 7. 2, 4, 9. &c.

que de démentir leur valeur, ou de la corrompre par l'orgüeil. Valeur sans faste & sans orgüeil est donc une perfection, que les Grands se doivent à eux-mêmes, à leurs ancêtres, & à leur sang ; avant que de la devoir au Prince & à la patrie.

Cette philosophie, assez negligée de nos jours, fut celle où Boufflers s'attacha, dont il s'imprima les principes : aprés ceux des lettres humaines, où son genie solide & serieux l'avoit aidé à faire de grands progrez.

Il n'étoit que le cadet d'une maison distinguée, autant par sa valeur, que par sa pure antiquité. Elle ne paroît dans nos histoires que déja revê- tuë de l'autorité militaire : dans un temps où les richesses n'avoient point encore acquis le privi- lege odieux d'usurper les emplois & les droits de la noblesse, attachée alors au seul merite, & rarement même à la faveur.

C'est ce qui rendit ceux de son sang toûjours plus appliquez à cultiver les qualitez du cœur, qu'à rechercher les dons de la fortune. Et quand Guillaume de Boufflers commandoit les bandes Picardes à la conquête de Naples & de la Sicile, il y a prés de quatre cent cinquante ans ; & qu'à la tête de sa troupe il arrachoit la victoire à Main- froy dans les plaines de Bennevent, en renver-

sant

1266.
Belleforest tom. 1.
liv. 4. p.
695. edit.
de 1579.
Collenuc.
lib. 4.

fant fes bataillons Allemands : ce n'étoit pas pour s'enrichir des dépoüilles de deux royaumes, mais pour en affermir les couronnes fur la tête de Charles d'Anjou, & fervir faint Loüis fon Roy, en la perfonne du Prince fon frere.

Cette exacte fidelité aux devoirs de fa condi_ tion fut à fes defcendans la plus chere partie de fon heritage. Ils tâcherent de s'en montrer di- gnes dans prefque toutes les guerres que la Fran- ce eut depuis à foûtenir. Contre les Flamands, au combat de Mons en Puelle, fous Philippe le Bel. Contre les Anglois à la bataille d'Azincourt, fous Charles V I. Contre la Maifon d'Autriche, à la journée de Guinegâte, fous Louis X I. Au fiege de Milan, & à la bataille de Pavie, fous François I. Dans les guerres civiles, à Moncon- tour fous le Roy Charles IX. On vit ceux de ce nom tenir toûjours leur rang entre les plus bra- ves; & par de hautes alliances conferver avec foin la fplendeur & la pureté de leur fang.

A l'imitation de fes ayeux le Chevalier de Boufflers (qualité qu'il prit d'abord, non pas comme un titre oifif, mais comme un engage- ment à en meriter de plus illuftres) alla dés fa plus tendre jeuneffe éprouver fon courage au-delà des mers.

Enguer. de Mon-ftrelet. Bellefo-reft 1. 2. l. 5. p. 1044. Louvet, Nobleffe Beauvoif. Carpent. Hift. de Cambray. La Mor-liere, An-tiq. d'A-miens.

Le silence & le repos que le traitté des Pyrenées avoit répandu dans la plus grande partie
de l'Europe, oſtant alors à la Nobleſſe les occaſions de s'exercer dans l'art qui lui convient le
mieux, & qu'elle doit le moins ignorer : la premiere qui s'offrit aux deſirs du Chevalier, fut
l'entrepriſe de Gigeri. L'éloignement de ſon
pays, le riſque de l'expedition ne le rebuterent
point. Entre ces deux perils, celui d'un voyage
en Afrique, & celui de l'oiſiveté, ſon cœur ne
balança point ſur le choix : & ſans nul autre
engagement que celui de ſon courage, il alla,
ſimple volontaire, eſſayer contre les barbares,
& loin des yeux de ſon Roy, l'épée que juſqu'à
ſon dernier ſoupir, il vouloit conſacrer à ſon
ſervice.

Il ne fut pas longtemps ſans ſe retrouver ſous
ſes yeux. Il fut même aſſez heureux pour s'attirer ſes regards : non pas par l'élevation de ſon
rang, ſimple Lieutenant aux Gardes Françoiſes;
mais par la diſtinction de ſa valeur. Ce fut à la
campagne de Lille, qu'il s'ouvrit la premiere
entrée dans l'eſtime du Monarque; & le chemin
aux grands honneurs, dont il fut depuis comblé.

Pour abreger, réduiſons tous les faits de ſes
premieres années à cet éloge general ; Qu'il y a

peu de nos plus fameux Heros, qui n'ayent tiré
de fa valeur une grande partie de l'éclat de leurs
victoires.

Condé, Turenne, Luxembourg, Crequy,
noms immortels! Guerriers, qui durant cinquante ans avez entretenu fi conftamment la
chaîne de la gloire & du bonheur de la France!
Vous n'envirez point à Boufflers l'honneur d'ap-
procher de vous dans l'ordre glorieux des dé-
fenfeurs de l'Etat. Il vous a fuivi de trop prés
dans la mêlée & dans le feu de vos plus cele-
bres combats, il a trop fouvent arrofé vos plus
beaux lauriers de fon fang; pour être privé de
la part qu'il a euë à vos couronnes : & ce feroit
vous offencer, que de refufer à fa memoire les
loüanges, que tant de fois vous avez crû devoir
à fa valeur.

En effet quel éclat ne donna point, dans la
guerre de Hollande, à l'audace de Luxembourg
la levée du fiége de Voerden ? où le Prince
d'Orange, enflé des premieres efperances, que
lui donnoit fon rétabliffement dans la dignité de
fes peres, reçut le préfage malheureux du fort
qui le devoit toûjours fuivre en prefence de ce
General. Quelle part eut Boufflers à la gloire
de cette action ? Colonel des dragons du Roy,

marchant à leur tête, il franchit les marais pro-
fonds & les digues fortifiées, qui servoient de
lignes aux ennemis : & couvert du sang qu'il
perdoit par une profonde blessure, il ne sortit
point du combat, qu'aprés avoir vû le Prince en
fuite, & la ville hors de péril.

Quel honneur ne fit point au profond genie
de Turenne & à ses sages précautions le fameux
combat de Heinsheim ! Ce Heros, au moment
que les deux armées s'ébranloient, avoit subi-
tement changé l'ordre du combat ; pour tourner ses premiers efforts contre un bois qui serroit
sa droite, & qui cachoit les Imperiaux retranchez sur nôtre flanc. Boufflers, à la vûë de ce
mouvement subit, entrant aussitôt dans sa pen-
sée, & comprenant le besoin qu'on y auroit de
ses dragons ; se détacha du poste où il étoit, &
s'avança de lui-même vers le bois. L'attaque
opiniâtrée & soutenuë avec pareille vigueur, at-
tira bientôt là les meilleurs corps, & le canon
même des deux partis. Deux heures de combat
n'avoient encor fait, ni gagner, ni perdre un
pas de terrein : quand le genereux Colonel, ra-
nimant sa valeur à la vûë d'une blessure qu'il
venoit de recevoir, s'élança sur le retranche-
ment, fut suivi de toute sa troupe ; & maître de

l'entrée du bois, donna lieu au carnage que l'on y fit des ennemis, à la prise de leur canon, & à l'heureuse décision de cette celebre journée.

Turenne l'année d'aprés étant mort au-delà du Rhin, du coup fatal qui l'abbatit, presque entre les bras de la victoire : à quel prix Boufflers vendit-il aux ennemis le fruit qu'ils se promettoient de sa mort ? Aprés deux jours de silence & d'inaction, que cet accident imprévû répandit dans les deux armées : la nôtre étonnée du coup, sans en être consternée, se mit en mouvement pour repasser en-deçà du Rhin ; celle des ennemis, pour nous en coupper le passage.

Nous avions perdu nôtre Chef : mais chaque Officier particulier le faisoit revivre dans son cœur, par un redoublement de courage & de fermeté. Boufflers, quoique sans titre encor de Commandant general, prit le poste & le rang, que son zele & sa valeur lui donnerent. Il se mit à l'arriere-garde avec ses dragons : c'est-à-dire, en état de servir de bouclier à tout le reste de l'armée, contre la fougue des Allemands. Trois charges repoussées avec une égale fierté ; deux rivieres traversées à leur vûë ; trois jours de marche, ou plûtôt de combats & d'avantages continuels nous conduifirent en affurance à nôtre pont d'Altenheim : & contraignirent nos enne- mis à n'être que les fpectateurs de nôtre retrai- te triomphante, & de la défaite inefperée de leurs plus fiers bataillons.

Devenu Maréchal de camp, par le merite & l'éclat de cet important fervice, & des autres qu'il rendit tout le refte de l'année, fous le grand Condé ; qui étoit venu en Alface oppofer la terreur de fon nom au torrent de la puiffance Germanique : Boufflers eut le moyen de pro- fiter des exemples d'un Prince, à qui l'art de vaincre étoit naturel.

Quel ufage en fit-il les années fuivantes, & fur tout au pont de Rhinfeld : fous les yeux de la vigilance & de l'activité même ; c'eft-à-dire, fous les yeux du Maréchal de Crequy ?

Sept à huit mille Allemans retranchez à la tête de ce pont, pour en défendre les approches, n'ôterent point à Crequy le deffein de l'empor- ter. Son infanterie étoit fort éloignée : mais vingt efcadrons fous fa main, la plûpart dragons à pied, valoient une armée entiere. En effet à la premiere attaque tout plia. Les rangs confondus, renverfez, fe precipiterent en foule, ou vers le pont, ou dans le Rhin. Boufflers à pied, pref-

sant leur fuite, & parvenu jusqu'au pont, traver-
sé de morts, de mourans, & de fuyards entas-
sez, qui en bouchoient le passage ; il se l'ouvrit
par la force, en poussant tout dans le Rhin. Le
pont-levis fermé dans le moment sauva la ville,
& lui livra le reste des vaincus. Il fit planter son
étendart sur le bord du pont-levis : & de ces
corps accumulez s'étant fait un épaulement contre le feu des remparts, il ne perdit point l'es-
perance d'y penetrer, que par l'embrazement
du pont, que le desespoir des habitans leur fit
sacrifier aussitôt à la seureté de leurs biens & de
leur vie.

Ce spectacle, où les morts servoient de rem-
part aux vivans contre la mort, doit paroître
fabuleux. Mais j'ai l'honneur d'avoir d'illustres
auditeurs, qui non seulement en furent alors té-
moins ; mais qui eurent part au péril & à la gloire de l'exploit : comme ils l'ont euë depuis aux
honneurs de la recompense.

Où nous emporteroit le détail de ses actions,
si nous voulions suivre pas à pas le progrés de
sa valeur, à proportion de son progrés dans les
dignitez militaires ?

Infatigable en temps de paix, aussi-bien qu'en
temps de guerre, il est envoyé au-delà des Alpes,

pour prendre poſſeſſion de Cazal ; rappellé au
pied des Pyrenées, pour tenir Fontarabie en reſ-
peƈt. Aux premiers mouvemens d'un renouvellement de guerre , il court inveſtir Courtray. Il
eſt employé à couvrir entre Sambre & Meuſe
le ſiege de Luxembourg. Il accompagne Mon-
ſeigneur à la campagne de Philiſbourg. Aprés le
départ du Prince, il étend les armes du Roy dans
tout le Palatinat , & le long des rives du Rhin.
La guerre s'allumant , & croiſſant d'année en
année , il prend Cokeim par aſſaut , & livre aprés
l'aſſaut , dans le cœur même de la ville , un fu-
neſte combat à quinze cens Allemands. En plein
hyver il enleve Furne en quinze heures , & quatre mille Anglois qui s'y étoient retranchez.

On ſe ſouviendra longtemps des défilez & des
ravins de Steinkerque , où le Prince d'Orange
avoit crû ſurprendre nôtre armée enfermée &
ſans mouvement. On n'oubliera jamais les efforts
inoüis des troupes & du General , pour repouſ-
ſer ſon inſulte. Mais oubliera-t-on le ſecours, dont
la vigilance & l'aƈtivité de Boufflers appuya leur
reſiſtance ? Il étoit campé avec un corps d'armée à deux lieuës du champ de bataille. Au premier bruit du canon , ſans attendre l'avis , qu'il
ne reçut qu'en chemin, il accourt ; & poſté d'a-
bord

bord où le befoin paroiffoit plus preffant, il ébranle par fa vigueur la droite des ennemis. En même temps au centre, à la gauche, on les pouffe d'un pas égal. N'en ôtons point la gloire à Luxembourg : avoüons du moins, que le bras & le genie de Boufflers n'aiderent pas peu à corriger la lenteur de la victoire.

Et voila, nobleffe guerriere, enfans de tant de Heros, voila pour vous l'objet d'une jufte jaloufie : non pas les charges, les honneurs ; mais les travaux & les périls, qui font le merite des honneurs. Celui que nous regrettons s'eft mis au-deffus de fes peres & des illuftres de fon temps : en fe donnant tout le loifir, non pas de les prévenir dans les charges ; mais d'encherir fur leurs exemples, & de furpaffer ou d'égaler leurs exploits.

Il ne s'eft avancé que par degrez. Ceux qui l'ont vû en même temps Commandant general des dragons, & Colonel general des gardes Françoifes ; Gouverneur fucceffivement de quatre grandes Provinces, du Luxembourg, de la Lorraine, de la Flandre & du Hainault; l'avoient vû Lieutenant aux gardes, Aide-major, & fimple Colonel.

Auffi affidu au fervice, qu'il étoit peu affidu à la Cour : hyvers, eftéz ; partages des faifons,

C

entre les fatigues des campagnes & les douceurs
du repos ; vous lui étiez inconnus. Il n'avoit
point de temps pour ſes plaiſirs. En avoit-il au
moins pour ſolliciter ſa fortune ? Il avoit d'autres
ſolliciteurs , d'autres voix, que celles de l'empreſ-
ſement, de l'importunité , du murmure. Il avoit
pour lui ſes ſervices , & le cœur même du Roy,
qui le preſſe toûjours en faveur du vrai merite.
Il ne s'eſt jamais démenti par orguëil, ni par
dépit, des démarches regulieres, qui le condui-
ſoient pas à pas au terme de ſa grandeur. S'il
n'a point ceſſé de s'élever ; ce n'a pas été par
reſſorts, comme les enfans de la fortune. Il n'a
point ceſſé de s'élever , parce que jamais il n'a
ceſſé de marcher. Fermant tranquillement les
yeux aux heureux progrez des autres ; & content de travailler ſous les yeux d'un Maître éclai-
ré , toûjours juſte & liberal : la loy qu'il s'eſt im-
poſée, & qui a cauſé ſon bonheur ; c'eſt que jamais il n'a rien fait, qui n'invitât la juſtice du
Prince , à déployer ſur lui les graces & les bienfaits avec liberalité,

   Voila l'homme fidelle aux devoirs de ſa naiſſance. Voyons s'il les remplira moins envers le
Prince & l'Etat.

II.

N'Eſt-il pas temps qu'un ſujet revêtu de tant d'honneurs borne enfin ſon ambition ? Non, MESSIEURS, ſes vûës ſont plus élevées. Il n'eſt encor parvenu qu'au premier degré de la force & du courage vertueux, qui conſiſte à faire de grandes choſes. Un ſecond degré, que juſqu'alors la proſperité de nos affaires lui avoit fait ignorer, c'eſt de ſoûtenir conſtamment de grandes & penibles épreuves. Et ce fut là le reſte de ſa vie l'objet de ſa veritable ambition : digne encor plus d'un Chrétien, que d'un ſujet, d'un citoyen, zelé & deſintereſſé, *Agere & pati fortia Romanum eſt.*

Etre parvenu aux honneurs, & s'en faire auſſi-tôt un azyle d'oiſiveté, contre la peine & le travail ; d'indifference & d'indolence aux évenemens, aux beſoins & aux périls publics : c'eſt lever le maſque de l'intereſt, le voile de l'ambition. C'eſt montrer que ſous les dehors de la pure valeur & du zele pour l'Etat, nous n'avons travaillé & combattu que pour nous : nous avons été l'idole même, à qui nous avons ſacrifié nos ſueurs & nôtre ſang ; & le public, la duppe des loüanges, qu'il croyoit devoir à nos ſervices, &

qu'il ne prodiguoit en effet qu'à de vaines &
fauſſes vertus.

Le Maréchal n'ignoroit pas, que cette poli-
tique, inconnuë aux vrais gens d'honneur, n'é-
toit que trop à la mode; & paſſoit même pour
vertu, dans l'école de ceux qui ſe croyent les
ſages du temps. Il s'étoit fait bien d'autres
regles de ſageſſe & de vertu : perſuadé que nous
devenons en naiſſant tributaires de tous nos
ſoins, de tous les momens de nôtre vie, à la
patrie où nous naiſſons, au Prince ſous qui nous
vivons. Bien loin que les récompenſes, dont ils
honnorent nos ſervices, lui paruſſent le diſpen-
ſer de leur en rendre de nouveaux : les nouveaux honneurs étoient pour lui de nouveaux
liens, qui l'attachoient au ſervice. Et ſans croi-
re ſe dégrader, quand du haut de ſa fortune il
ſe rabaiſſoit aux devoirs, qui avoient autrefois
commencé ſon élevation : il étoit convaincu,
qu'à l'égard du Prince & de l'Etat, rien qui
puiſſe toucher leur interêt capital, ne doit être
au-deſſous d'un ſujet vraiment fidelle.

Il étoit parmi nous ce fidelle Centenier, dont
Nôtre Seigneur a fait l'éloge : auſſi prompt à
obéir, qu'abſolu à commander ; rendant avec
plaiſir aux puiſſances ſuperieures, la même

foumiſſion que lui rendoient ſes ſoldats : HOMO *Matth.*
ſum ſub poteſtate, *habens ſub me milites.* JE *dis à* *c. 8. v. 9.*
l'un: *Marche*, *& il part. A l'autre: Viens, & il ac-*
court. DICO *huic : Vade*, *& vadit. Et alii : Veni,*
& venit. Cette ſage diſpoſition, que Jeſus-Chriſt
admiroit dans cet Officier, comme un prodige
de foy ; permettez-moy, MESSIEURS, de l'ad-
mirer dans celui-cy, comme un trait ſingulier de
ſon zele toûjours fidelle ; & de repeter en ſa faveur ces paroles conſacrées : EN *verité vit-on*
jamais rien d'egal en Iſraël ? AMEN *non inveni*
tantam fidem in Iſraël.

Avec ces ſentimens, qui devroient être auſſi
communs, qu'ils lui étoient particuliers, il alloit
même au-devant des occaſions, où la ſageſſe &
la bonté du Monarque auroient eû peine à l'employer : dés qu'il y croyoit entrevoir quelque
avantage pour l'Etat, ou pour la gloire de ſon
Prince.

Il étoit deſtiné à commander un corps d'armée ſur la Meuſe : lors qu'au premier bruit d'un
deſſein des ennemis ſur Namur, il ſe prévalut
du ſéjour qu'il faiſoit alors à la Cour, pour ob-
tenir la permiſſion de préferer l'honneur de la
défenſe de cette importante place, à celui du
commandement d'une armée. Il en reçut l'or-

dre en effet, dés que le siége eut éclatté.

Tout le monde en sçait le succez. Soixante &
trois jours de resistance aux foudres continuels
de la plus nombreuse artillerie, que d'aussi puis-
sans ennemis ayent jamais pû rassembler. Quatre assauts generaux soûtenus, plûtôt contre des
armées, que contre des détachemens; sur des
bastions pulverisez & des breches de cent toises;
eurent au moins l'effet de partager la gloire de
l'évenement, entre le deffenseur & les vainqueurs.
Mais ce qui suivit, en transporta sur la vertu de
l'un, tout l'éclat qu'il fit perdre aux autres.

Au mépris de la foy publique & de la capi-
tulation, sur le pretexte odieux de represailles
imaginées, l'ennemi se crut en droit d'insulter
l'honneur & la probité même, en la personne
du Maréchal : en le faisant arrêter, lors qu'il
sortoit de la place, à la tête de sa garnison. Si le
Prince d'Orange oublia dans cette occasion cette couleur specieuse d'honnêteté, qu'il avoit l'art
de donner à ses actions : il n'eut pas le plaisir de
faire oublier à Boufflers sa grandeur d'ame, ni
de mettre son zele en péril de se démentir. Quoiqu'on lui fist en même temps offre de sa liberté,
s'il se vouloit engager de parole, à faire réparer
le tort dont on se plaignoit : il ne crut pas qu'il fût

de fa probité, d'amufer les ennemis par des promeffes ambiguës. Il déclara fans balancer : *Qu'il
n'avoit point de parole à donner , contre les interêts &*
*les intentions de fon maître : &) que la prifon ni la mort ne
l'ébranleroient jamais.* Il écrivit en même temps au
Roy : *Que c'étoit à Sa Majefté de prononcer fur la juftice, ou l'injuftice de leur plainte : mais qu'à fon égard il
la fupplioit, que fa confideration perfonnelle n'entrât
pour rien dans les mefures, qu'elle jugeroit plus conve-
nables au vrai bien de fon Etat ; &) que ce feroit toûjours avec plaifir, qu'avec fa liberté il lui dévouëroit fa
vie.*

Si cette conftance eft au-deffous de celle que
tant de fiécles ont admirée dans le fameux
Regulus : ne l'imputons qu'à la difference des
mœurs, qui rendent maintenant nos inimitiez
moins barbares, que ne l'étoient alors celles des
Carthaginois. Mais à l'égard des mouvemens &
des fentimens du cœur, c'étoit les mêmes dans
Boufflers, que dans cet ancien Capitaine. Il eût
oppofé le même cœur aux cruautez & aux fuppli-
ces, qu'il oppofoit au traittement injurieux du
vainqueur. Et quoiqu'il s'en tinft outragé, l'ou-
trage lui fembla fans comparaifon plus leger, que
la gloire d'avoir fait voir à ces fiers ennemis,
qu'il ne fçavoit, non plus que ce Romain, ni les

Valer.
Max. lib.
2. c. 9. 8.

tromper, ni les craindre : NEQUE *timeri, neque*
decipi hoftem voluit.

Le vainqueur même en fut frappé. Peut-être
mêla-t-il à l'admiration de fa vertu le repentir
du procedé qui la lui avoit fait fi bien connoître : & touché de fa droiture, autant que de fa
fermeté ; las d'ailleurs des difficultez qui rendoient de jour en jour l'affemblée de Rifvik plus
lente à la conclufion de la paix, dont il reffen-
toit le befoin : il jetta les yeux fur Boufflers, pour
faire paffer jufqu'au Roy le defir qu'il avoit de
la conclure. Trois conferences à la vûë des deux
camps, entre le miniftre de Guillaume & le Maréchal, leverent en peu de jours ce qui en fai-
foit le plus grand obftacle. Ainfi par de juftes
temperamens la prudence de Boufflers, auffi heu-
reufe pour la paix, que fon épée dans la guerre,
démêla ou trancha le nœud fatal au repos public.

Ce zele à fe dévouër pour la défenfe de Namur ne fut pas au refte une de ces faillies de
vertu, qui échappent quelquefois aux ames
les moins vertueufes. Il s'en étoit fait une fi forte habitude, qu'à toutes les occafions elle fe ré-
veilloit dans fon cœur. Treize ans aprés, chargé
d'années, il arracha encor le confentement du
Roy, pour aller foûtenir le fiége de Lille.

Hâtons-

Hâtons-nous, MESSIEURS, & pour atteindre à ce grand évenement, foulons aux pieds, s'il est besoin, les lauriers qu'il avoit cuëillis depuis le renouvellement de la guerre. Comptons pour rien les pays bas Espagnols remis en un seul jour au pouvoir de leur vrai Roy, par l'entiere expulsion de toutes les troupes étrangeres. Les Hollandois surpris par sa promptitude, & défaits au combat d'Ekeren. Faits glorieux! qui furent en ce pays-là les derniers coups de faveur, dont la fortune, en s'éloignant de nous, voulut faire honneur à Boufflers : comme à celui de nos Generaux qu'elle auroit eû plus de peine à quitter ; si la fortune & la vertu pouvoient être toûjours ensemble.

Il va tenter tout, employer tout, pour la faire revenir à nous : & pour peu qu'elle eût été moins aveugle, il lui en donna tout le loisir. Durant quatre grands mois, tous les jours furent signalez par quelque sortie ou quelque assaut. Chaque assaut coûtoit plus aux ennemis, que des combats reguliers en rase campagne. Ils avoient renversé les remparts à coups de canon, qu'ils n'étoient maîtres encor d'aucun des dehors. Le seul chemin couvert, attaqué sept diverses fois, fut pour eux le tombeau de dix ou douze mille hommes. On se figure aisément quelle part eut le Maréchal à cette prodigieuse résistance : quels mouvemens son exemple, ses soins, ses discours honnêtes & engageans, sa presence assiduë aux breches & aux postes attaquez, son attention à récompenser la valeur, ses largesses, ses seuls regards imprimoient dans tous les cœurs.

Mais quels honneurs reçut-il des ennemis, quand l'ordre exprés du Roy l'obligea de capituler ? Sans lui rien disputer sur les conditions, ils s'en remirent à sa prudence, & même à ses égards pour la gloire de son Roy. Quinze cens chevaux, commandez par des Officiers generaux, l'accompagnerent jusqu'à Doüay. Tant il est vrai que la vertu n'a qu'à se faire bien connoître, pour ne point trouver d'ennemis.

Aprés tant de travaux, que ne goûtoit-il en repos le fruit de sa gloire, & les applaudissemens que le public lui donnoit ? Mais sa gloire, ou plûtôt son zele souffroit du peu de succez de nos armes : & bien loin de s'en consoler, par les honneurs dont il se voyoit environné, tout leur éclat lui paroissoit terni, par celui de nos disgraces. Les grands titres qu'il avoit acquis dans le temps de nos prosperitez, lui sembloient ache-

tez à trop bas prix : il eût voulu les racheter &
les meriter encore, en répandant fon fang pour
repouffer les infultes du fort.

Le Roy, qui depuis longtemps connoiffoit la
trempe de fon cœur, fembloit y lire ces fentimens : & le fiége de Mons ayant fait naître l'oc-
cafion d'une nouvelle bataille, il ne fut point
furpris de le trouver encor prêt à marcher.
C'étoit prolonger fa vie, que de lui donner lieu
de la perdre pour l'Etat. Mais en acceptant
l'honneur de partager le peril, il refufa celui de
partager le commandement. Droits fpecieux !
préferences d'âge & de rang, jaloufies d'autorité,
delicateffes d'honneur, miferables interêts, fources de tant de querelles & de tant de contefta-
tions entre les plus fameux Heros ! vous ne pré-
valûtes jamais dans le cœur de celui-ci aux mouvemens de fon zele. Il promit fon bras, fes con-
feils, fa vie, s'il étoit befoin : mais fous le même
General, qui commandoit déja l'armée. Il eut
beau cependant fe dépoüiller de fes titres : il les
retrouva tous dans l'eftime du General, dans le
refpect des Officiers, & dans l'affection des foldats. Entre deux guerriers pleins d'honneur,
l'autorité devint commune. On ne reconnut plus
dans les deux, qu'un même chef.

D ij

L'armée déja remplie d'audace, fut, à l'arrivée de Boufflers, tranſportée d'une émulation, d'un amour du Prince & de la patrie, qui fit reconnoître aux ennemis les François d'Heinſheim, de Caſſel, de Fleurus, de Nervinde & de Rocroy. Aprés un combat ſanglant de ſept heures, obligé de ceder au nombre & au deſavantage du terrein, Boufflers enfin réduiſit les alliez par cinq charges impetueuſes, à n'oſer faire un pas pour inquieter ſa retraitte. Il la fit en marche reglée, & preſque en ordre de bataille. En ne laiſſant aux ennemis, pour toute marque de victoire, que l'avantage de paſſer la nuit ſur les corps étendus de vingt mille de leurs ſoldats, & de quatre mille Officiers : tandis que nous emportions leurs dépoüilles avec nous, cinquante étendarts ou drapeaux, achetez par la perte au plus de dix mille hommes. Ainſi par un balancement d'avantages aſſez nouveau, s'ils eurent le bonheur & le nom de la victoire; nous eûmes l'honneur du combat.

Mais, Seigneur, devant vos autels, à la vûë du ſang de l'Agneau, ſacrifié pour la paix du monde; eſt-il permis de déployer tant de cruels & profanes tableaux ? Ah! c'eſt vous, Seigneur, oui c'eſt vous, que nous adorons, que nous

loüons, dans ces divers évenemens ! c'est vôtre
bras qui soûtient les bras de tant de nations, ani-
mées à se déchirer ; vôtre œil, qui conduit où il
lui plaît la fortune des batailles. Aveugles que
nous sommes ! en tout cela nous cherchons,
disons-nous, la gloire de nos Rois, la seureté
de nos Provinces, la justice de nos droits. Vous,
ô mon Dieu, vous y cherchez vôtre gloire &
nôtre salut. Vôtre gloire, vous l'y trouvez. Nôtre salut, l'y trouvons-nous ? songeons-nous
même à l'y chercher ? C'est pour nous y rédui-
re, & même pour nous y forcer, qu'independ-
demment de nos droits, de nos desirs, & de
nos vœux, vous dispensez à vôtre gré les succez
& les disgraces, la lumiere & les tenebres, les
horreurs de la guerre & les douceurs de la paix.
Ego Dominus, Je suis le Seigneur, nous dites-vous :
formans lucem, & creans tenebras ; faciens pacem, *Isa.* 45.
& creans malum. Quarante ans de prosperitez   7.
n'ont fait que nous endormir au soin de nôtre
salut. Cinq ou six ans d'humiliations, est-ce assez
pour nous reveiller ? Faudra-t-il que la main de
Dieu s'appesantisse plus long-temps sur nos têtes
indociles ? Heureux celuy qui s'est montré si
fidelle à sa naissance & à son Roy : s'il a eû soin
de se rendre aussi fidelle à sa conscience & à son

Dieu. C'est par là que des fatigues de la vie, il
aura passé dans l'heureuse paix des élus.

III.

CE témoignage que rend l'histoire à la vertu
d'un Romain : *Que jamais il n'avoit rien fait, rien
dit, ni rien pensé, qui ne fût digne de loüange*, est
un éloge outré, convenable à l'orgüeil de la mo-
rale des payens : pour qui les passions, les vices
même étoient souvent des vertus. Dieu qui sonde
& penetre les cœurs, y exerce une autre censure.
Il nous apprend que les mœurs les plus pures ne
sont point sans tache à ses yeux : que les plus
vertueux ont besoin de grace durant la vie, & de
misericorde aprés la mort.

Implorons donc pour celui-ci toute l'indulgen-
ce de Dieu : mais demandons justice aux hommes. Y en a-t-il beaucoup dans la guerre, dans
la Cour, dans le monde en general : dont les
discours, les œuvres, les sentimens, ayent eu
plus de marques visibles de religion, de probité, de verité, d'humanité, de bonté? C'est avec
ce temperament que l'on pourroit tourner cet
éloge en sa faveur : NIHIL *in vita nisi laudan-
dum, aut fecit, aut dixit, aut sensit.*

Scipion, dans Velleius Paterc. liv. 1.

La Religion, cette lampe du Seigneur, allumée audessus de nous, pour nous guider seurement dans les tenebres du monde, éclaira toûjours ses pas. Il n'y eut point dans sa vie d'intervalle d'obscurité, qui lui pût faire regretter l'innocente candeur de ses premieres années : & si par la jeunesse on entend cet âge frivole où l'on court aveuglement à tous les fantômes du plaisir ; on peut dire qu'il n'y eut point pour luy de jeunesse ni d'enfance. Ce funeste enforcellement, qui ouvre d'abord l'esprit aux bagatelles du monde & qui cache insensiblement la connoissance du vray bien ; ce charme seducteur trouva le sien fermé aux douceurs de son poison. Le desir de s'élever par les routes de l'honneur, qui fut d'abord sa passion dominante, ou plûtôt sa seule passion, lui parut incompatible avec ces vains amusemens, dont l'oisiveté se repaît, souvent aux dépens de la fortune. On cût dit que le goût de la gloire lui avoit ôté celui du plaisir. Ce ne fut point aux airs melodieux du theâtre, ni de la bouche des Heros fabuleux & passionnez, qu'il alla prendre des leçons de politesse & d'honneur. Ce ne fut point aux avantures du jeu, qu'il s'instruisit à soûtenir les caprices du hazard, les varietez de la vie.

Quis mihi tribuat ut sim juxta menses pristinos ? Quando splendebat lucerna ejus super caput meum, & ad lumen ejus ambulabam in tenebris. *Job.* 29 2.

Fascinatio nugacitatis obscurat bona. *Sap.* 4. 12.

Exempt de ces baſſes paſſions, on ne doit pas s'étonner, qu'il ait toujours joint à l'ardeur d'obéir & de plaire au Roy, le plus auguſte des Rois, la crainte & le reſpect de celui ſous qui les Rois tremblent : & que la Religion, le zele de ſa pureté, l'indignation même & la douleur de la voir deshonorée par l'hypocriſie & l'impieté, ayent toûjours éclatté dans ſes ſentimens & dominé ſur ſa conduitte.

Il laiſſoit au zele éloquent le ſoin de ſe deployer contre les deſordres publics ; & bornoit le ſien à s'oppoſer au torrent de la corruption, par l'integrité de ſa vie. S'il ne faiſoit pas comme Gedeon la guerre aux Madianites, aux pecheurs hardis & ſcandaleux, la trompette ſonnante, & le feu ardent à la main : peut être avec plus de ſuccez, ſans bruit & ſans oſtentation, ſur tout ſans affectation ; marchant au milieu d'eux à ſa maniere & d'un pas toûjours égal : il avoit ſur eux le même effet que le miroir, que l'on preſente aux viſages diſgraciez : il leur mettoit, ſans le vouloir, leurs deffauts devant les yeux : & s'il n'étoit pas aſſez heureux pour leur rendre la vertu aimable, au moins la leur rendoit-il reſpectable malgré eux. Pareil aux Chrétiens des premiers temps, qui, comme dit Tertullien,

Dedit tubas in manibus eorum, lagenaſque vacuas , ac lampades in medio lagenarum. *Judic.* 7. 16.

tullien, confondoient par leur ſeul abord tous les philoſophes du paganiſme : *De occurſu vitia ſuffundens.*

Indifferent pour les richeſſes, il ne ſentit jamais ni d'ardeur pour en amaſſer, ni de peine à les répandre. Attentif également à la pureté de leur ſource & à celle de leur employ : comme il eût rougi de les faire ſervir au vice, & à ces honteuſes paſſions, qui tariſſent chez tant de gens l'abondance & l'opulence ; il n'eût pas voulu les devoir à la violence, à l'injuſtice, à nul de ces moyens, que la licence de la guerre fournit impunément à ceux qui s'en veulent ſervir.

Job oſoit atteſter la juſtice même de Dieu : que jamais il n'avoit fait tort à perſonne, & ne s'étoit point enrichi de la miſere d'autrui. Ce n'étoit cependant qu'à l'égard de ſes ſujets, de ſes citoyens tout au plus, qu'il ſe rendoit ce témoignage. *Oui*, diſoit il, *ſi ma terre crie contre moy ; ſi j'en ai mangé les fruits ſans les payer ; ſi j'ai affligé le cœur de ceux qui l'ont cultivée : qu'elle ne me rende plus que des ronces pour moiſſon :* Si adverſùm me terra mea clamat.

Ah ! ce ne ſont point les vaſſaux de ce fidelle ſerviteur, ſes terres ni ſes champs, que j'appelle ſans crainte au tribunal du Seigneur. Ils n'y por-

Tertul. de pallio, c. 6.

Audiat omnipotēs...Si adverſùm me terra mea clamat : ſi fructus ejus comedi abſque pecuniâ, & animam agricolarum ejus afflixi : pro frumēto oriatur mihi tribulus. *Job. c. 31. v. 38. &c.*

E

teront que des vœux pour fon falut ; en reconnoiffance des fecours, que fa charité fourniffoit
à leurs miferes, fur tout dans les derniers temps.
Vous-mêmes, terres ennemies ; pays défolez depuis quarante ans par le fer & par le feu ; champs
où le fang de tant de morts a jetté de fi hauts
cris vers le Ciel. Vous en avez fouvent pouffé
contre la dure neceffité des loix, des précautions, & des befoins de la guerre : en avez-vous
pouffé quelqu'un contre l'inhumanité, l'avarice,
ou la cruauté d'un cœur qui fentoit tou tes vos
miferes & prevenoit vos fanglots par les fiens ?
A-t-on vû étaler chez lui les dépoüilles de vos
provinces ? Il avoit l'ame auffi noble qu'Abraham : qui dédaignoit de s'enrichir, non feulement des dépoüilles des ennemis; mais des pre-
fens même des peuples, qu'il avoit fecourus &
deffendus. De quel œil eût-il donc vû chez luy
des biens teints du fang des pauvres ? Comment
fe fût-il récrié avec le pere des fidelles : *Non ,
j'en leve la main au Seigneur, vous ne vous van-
terez jamais d'avoir enrichi Abraham.* LEVO *ma-
num meam ad Deum excelfum... ne dicas : Ego di-
tavi Abraham.*

*Genef. cap.
14. v. 22.*

Par une pareille fierté ce digne fils d'Abraham, trop content d'avoir Dieu pour autheur

de fa fortune, & fon Roy pour difpenfateur des dons & des bienfaits de Dieu, ne connoiffoit point d'autres fources d'opulence. Et comme il ne brilloit que de leurs liberalitez, il étoit libe-ral & prodigue pour leur fervice.

Ne croyez pas, MESSIEURS, que je lui veüille faire un merite devant Dieu des dépen-ces magnifiques, dont il honoroit quelquefois dans les occafions d'éclat la majefté de fon Roy. La fumée de ces pompes & de ces fêtes profa-nes fe rabat ordinairement vers la terre, & va rarement jufqu'au Ciel. Mais ce penchant ver-tueux, encor plus que naturel, à tendre fes mains fecourables au merite negligé; à faire revivre aux yeux du Monarque & de fes Miniftres les fervices noyez dans l'oubli; à fe rendre caution du zele des Officiers dont il connoiffoit la va-leur; à les demander pour affociez de fes tra-vaux & de fa gloire; à excufer les fautes im-prévûës, où malgré eux le hazard les engageoit: étoit-ce une mifericorde indigne des regards de Dieu?

Non, ne nous imaginons pas, que la feule mendicité foit l'objet de la charité prefcrite par l'Evangile. Il y a dans les hautes conditions une efpece d'indigence, d'autant plus digne de pi-

tié, qu'étant couverte de faux brillans, elle n'a
rien au dehors qui follicite pour elle. OCULUS
fui cæco, & pes claudo, difoit Job. Etre le pied
de ceux, dont la fortune eft chancelante & hors
d'état d'avancer : être l'œil de ceux qui s'éga-
rent, & qui faute de confeil s'engagent dans les
écuëils : n'eft pas une aumône moins facrée, que
celle qui met le pain dans la bouche des fame-
liques, & qui déchire fon manteau pour en re-
vêtir les nuds.

Mais quand le Ciel ne s'ouvriroit qu'à cette
forte de charité, qui s'attache au befoin des miferables : avec quel épanchement de tendreffe
& d'humanité voyoit-on ce Guerrier Chrétien
vifiter, aprés les combats, les Officiers couverts
de playes, & répandre l'argent dans les mains
des moindres foldats ? C'eft ce qu'il fit à Steinkerque, à Namur, à Lille, & par tout où la valeur malheureufe avoit befoin du fecours de la
charité. C'eft encor ce qu'il fit dans les horreurs
de la derniere famine : en partageant le pain,
pour ainfi dire, de fa table avec les pauvres de
la campagne; & fe reconnoiffant le pere de ceux
qui le reconnoiffoient pour Seigneur. Auffi ren-
doit-on par tout juftice à fa vertu pure & def-
intereffée,

Il y parut lorſqu'au premier bruit d'une émo-
tion, que la ſterilité, la famine & l'avarice,
avoient excitée dans Paris, il ſe porta de tous
côtez dans les places & dans les ruës : & joi-
gnant à l'authorité de ceux qui préſidoient à
la ſeureté publique, le poids de ſa réputation,
l'éloquence de ſes mœurs, encor plus que de
ſes diſcours : il étouffa la voix, non ſeulement
de la ſédition, mais de la plainte même & du
murmure. L'audace, irritée par la miſere, devint reſpectueuſe & muette devant lui. Populaire, non pas par baſſeſſe, par flatterie ; par ſes
vaines inſinuations, dont le peuple laiſſe quelquefois amuſer ſa credulité : mais comme cet
ancien Conſul, ſi puiſſant autrefois ſur le plus
fier peuple du monde : populaire comme lui,
par ſa gravité & par ſa ſeverité : I P S A *ſeveritate popularis.* On révéroit en lui l'implacable ennemi de la violence, du pillage, de la tourbe-
rie, de l'avarice, & de tous ces vices odieux,
qui font la miſere des peuples & la déſolation des
Etats. Il ne faut que haïr ces barbares paſſions,
pour ſe faire adorer des peuples les plus barbares : I P S A *ſeveritate popularis.*

    Quelle eût donc été l'affection publique, &
même l'admiration : ſi l'on eût pû voir de plus

L.Caſſius multùm potuit non eloquentiâ, ſed dicendo tamen: homo ipſâ ſeveritate popularis. Cicero de claris orator. n. 97.

prés sa conduite dans sa famille ? Le soin qu'il
prenoit d'en bannir le faste insolent , le luxe dis-
solu , la folle joye, la discorde , l'inimitié ? Qui
n'eût été touché d'y voir par-tout l'ordre & la
paix : l'image du silence & de la dignité , qui
regne dans les lieux sacrez , plûtôt que dans les
palais des Grands ? Quelle idée nous rappelloit
cette fidelle & heureuse maison de ces tentes
d'Israël , où les peres & meres étoient les Rois
de leurs enfans , comme les Rois les peres de
leurs peuples ?

Et c'est , MESSIEURS , dans l'innocence & la
douceur de ces pieux sentimens, que la mort a
surpris... parlons plus correctement, que la
mort a trouvé le sage Chrétien : dont le salut
fait aujourd'hui l'objet de nos tendres vœux & de
nos justes esperances. Il n'y a de surprise dans
la mort, que pour ceux dont l'esprit est enseveli
dans la chair , & ne songe point au départ. Ou-
tre les réponses de mort, qu'il entendoit au de-
dans de lui-même éclatter depuis trois ans,
par de vives & frequentes douleurs : il y avoit
longtemps qu'il ne tenoit plus à la vie. Toûjours
prêt à l'exposer pour sa patrie & pour son Roy,
comment eût-il eû peine à la remettre entre les
mains de son Dieu ? La crainte de ses jugemens,

quoique redoutables aux plus juftes, n'eft dé-
pourvûë d'efperance & de confiance en fa bonté,
que pour les ames terreftres, intereffées, char-
nelles, doubles : & vous l'aviez, Seigneur, pré-
fervé de tous ces défauts. Un cœur tel que le
fien étoit incapable de feindre. Et dés que nous
fçavons, qu'il a dépofé fes pechez dans le fein
de vôtre Eglife, & vous a demandé pardon :
peut-on douter, qu'il ne l'ait obtenu ; & que la
grace, qu'il a reçûë des mains de ceux à qui
vous avez confié les clefs du Ciel, n'ait été cou-
ronnée dans le Ciel de vos dernieres miferi-
cordes ?

Hâtez-lui donc, Seigneur, la poffeffion de
ces trônes brillans, que vous avez promis, non
pas aux vainqueurs des nations & des royaumes
du monde ; mais aux vainqueurs de leurs paffions, que vous avez deftinez pour être au dernier jour les juges du monde. Et fi nous ofons,
Seigneur, à fes interêts éternels mêler nos propres befoins : confervez toûjours parmi nous,
pour l'utilité publique & pour l'honneur des hautes conditions, non feulement le fouvenir, mais
l'exemple de fes vertus. Qu'elles fubfiftent dans
fon fang : & pour cela, que fon fang fubfifte
toûjours pur dans les fiécles à venir. Aprés que

vous avez donné au pere les mêmes graces qu'autrefois vous aviez données au fidelle & intrépide Caleb ; la valeur & la vertu jufqu'à la fin de fa vie : Usque *in fenectutem permanfit illi virtus.* Ajoûtez-y la derniere benediction, dont la pofterité de ce Patriache fut comblée : faites que la fienne poffede fon heritage aprés lui : Et *femen ipfius obtinuit hæreditatem.*

S'il a eû la douleur de voir mourir avant lui ce fils précieux, que la bonté du Prince avoit déja revêtu de fes honneurs, & que vôtre grace difpofoit à fucceder aux qualitez de fon cœur ; s'il a eu la force, ô mon Dieu, de vous en faire le facrifice ; & s'il a maintenant la joye de fe trouver en état de vous poffeder avec lui : foûtenez ici bas nôtre foibleffe, en nous faifant voir de nos jours, que la pofterité des juftes eft chere à vôtre providence. Que ce jeune enfant qui tout tendre qu'il eft, eft maintenant l'unique efpoir d'une nombreufe famille : affez heureux pour avoir à cinq ans attiré fur lui les effets les plus finguliers de la magnificence & de l'affection de fon Roy, les plus folides fruits des longs fervices de fon pere ; foit encore affez heureux pour avoir le temps de les meriter par l'imitation d'une vie tiffuë de travaux & de vertus.

Il

Il aura le regret de ne s'en inſtruire, helas! que
par la voix de la renommée, non pas par ſes
propres yeux : mais il aura le plaiſir de les en-
tendre loüer, par tout où Dieu & les Rois auront des ſujets zelez, deſintereſſez, & fidelles.
Afin que tout Iſraël, comme dit la ſainte parole,
éprouve & publie à jamais : qu'il eſt avantageux
en toute maniere, & pour la terre & pour le
Ciel, *de plaire & d'obéir au Dieu ſaint :* Uᴛ *vi-*
deant omnes filii Iſraël, quia bonum eſt obſequi *Eccli. 46.* 12.
ſancto Deo.

APPROBATION.

J'AY lû par ordre de Monseigneur le Chancelier *cette Orai-son Funebre de Louis-François Duc de Boufflers, Pair & Maréchal de France*, & j'ay trouvé qu'elle répondoit par-faitement à la dignité du sujet, à la haute reputation de l'auteur, & aux applaudissemens que ce fameux orateur Chré-tien en a reçûs du public, quand il l'a prononcée avec son éloquence ordinaire. Fait à Paris ce 29. Decembre 1711.

Signé, LAMARQUE TILLADET.

PERMISSION.

JE soussigné Provincial de la Compagnie de Jesus dans la Province de France, suivant le pouvoir que j'ay reçu de N. R. P. General, permets au Pere Delaruë, de la même Compagnie, de faire imprimer *l'Oraison Funebre de M. le Maréchal de Boufflers*, qu'il a prononcée. A Paris ce 17. Jan-vier 1712.

LOUIS-FRANÇOIS CLAVIER.

PRIVILEGE DU ROY.

LOUIS, par la grace de Dieu Roy de France & de Na-varre : A nos amez & feaux Conseillers, les gens te-nans nos Cours de Parlement, Maîtres des Requêtes ordinaires de nôtre Hôtel, Grand Conseil, Prevôt de Paris, Baillifs, Senethaux, leurs Lieutenans Civils, & autres nos Justiciers qu'il appartiendra, Salut. Nôtre bien amé le Pere CHARLES DELARUE, de la Compagnie de Jesus, & nôtre Pre-dicateur ordinaire, nous ayant fait exposer qu'il desireroit faire imprimer *ses Sermons*, pour arrêter le cours de plusieurs fausses éditions faites en Hollande, & ailleurs, dans lesquelles lesdits Sermons sont totalement alterez & corrompus, s'il nous plai-

foit lui accorder nos Lettres de Privilege fur ce neceffaires ;
Nous avons permis & permettons par ces Prefentes audit Expofant de faire imprimer lefdits Sermons tous ou en partie, en
telle forme, marge, & caractere, autant de fois que bon lui
femblera, & de les faire vendre & debiter par tout nôtre
Royaume pendant le temps de douze années confecutives, à
compter du jour de la datte defdites Prefentes. Faifons deffen-
fes à toutes fortes de perfonnes, de quelque qualité & condi-
tion qu'elles puiffent être, d'en introduire ou debiter d'impreffion étrangere, ou autre, quelle qu'elle foit, dans aucun lieu
de nôtre obéiffance, foit avec le nom dudit Pere, foit fans fon
nom, ou fous un nom fuppofé ; & à tous Imprimeurs, Libraires
& autres, d'imprimer, faire imprimer, & contrefaire lefdits
Sermons en tout ni en partie, fans permiffion expreffe & par écrit
de l'Auteur ou de ceux qui auront droit de lui ; à peine de con-
fifcation des exemplaires contrefaits, de quinze cent livres d'a-
mende contre chacun des contrevenans, dont un tiers à nous,
un tiers à l'Hôtel-Dieu de Paris, l'autre tiers audit Expofant, &
de tous dépens, dommages & interêts ; à la charge que ces
Prefentes feront enregiftrées tout au long fur le Regiftre de la
Communauté des Imprimeurs & Libraires de Paris, & ce dans
trois mois de la datte d'icelles ; que l'impreffion dudit Livre fera
faite dans nôtre Royaume, & non ailleurs, & ce en bon papier
& en beaux caracteres, conformément aux Reglemens de la Li-
brairie ; & qu'avant que de l'expofer en vente, il en fera mis
deux exemplaires dans nôtre Biblioteque publique, un dans
celle de nôtre Château du Louvre, & un dans celle de nôtre
trés-cher & feal Chevalier, Chancelier de France, le Sieur
Phelypeaux, Comte de Pontchartrain, Commandeur de nos
Ordres ; le tout à peine de nullité des Prefentes. Du contenu
defquelles Vous mandons & enjoignons de faire joüir l'Expofant, ou fes ayans caufe, pleinement & paifiblement, fans fouf-
frir qu'il leur foit fait aucun trouble ou empêchement. Voulons
que la copie defdites Prefentes, qui fera imprimée au commen-
cement ou à la fin dudit Livre, foit tenuë pour dûëment figni-
fiée : & qu'aux copies collationnées par l'un de nos amez & feaux
Confeillers & Secretaires foy foit ajoûtée comme à l'original.
Commandons au premier nôtre Huiffier ou Sergent de faire pour
l'execution d'icelles tous actes requis & neceffaires, fans demander autre permiffion, & nonobftant Clameur de Haro, Chartre

Normande & Lettres à ce contraires : Car tel eſt nôtre plaiſir. Donné à Verſailles le vingt quatriéme jour de Janvier, l'an de grace mil ſept cent ſix, & de nôtre Regne le ſoixante-troiſiéme. Signé, Par le Roy en ſon Conſeil, LE COMTE, & ſcellé du grand ſceau de cire jaune.

Il eſt ordonné par l'Edit de Sa Majeſté de 1686. & Arrêts de ſon Conſeil, que les Livres dont l'impreſſion ſe permet par chacun des Privileges, ne ſeront vendus que par un Libraire ou un Imprimeur.

Regiſtré ſur le Regiſtre N. 2. de la Communauté des Libraires & Imprimeurs de Paris, page 65. N. 137. conformément aux Reglemens, & notamment à l'Arrêt du Conſeil du 13. Août 1703. A Paris ce 27. Janvier 1706.
Signé, GUERIN, Syndic.

Et ledit R. P. Delaruë a cedé ſon droit audit Privilege à Eſtienne Papillon, Libraire à Paris, ſuivant l'accord fait entr'eux.

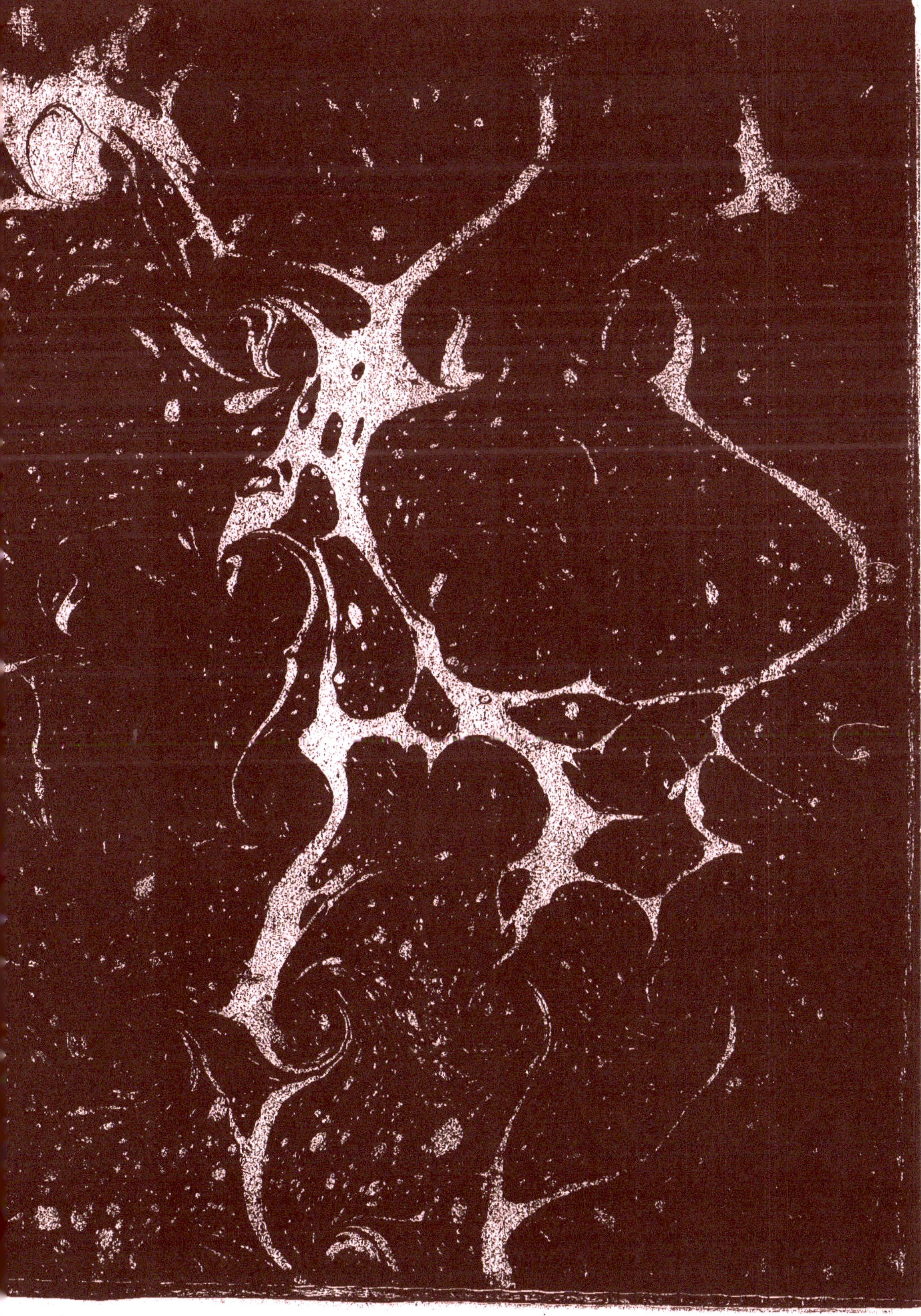

www.ingramcontent.com/pod-product-compliance
Lightning Source LLC
Chambersburg PA
CBHW051724050726
47598CB00003B/1031